VOM STUDENTEN ZUM KI-EXPERTEN

Deine Reise zu spannenden Berufen

Mag. Eva Prasch

CONTENTS

https://evaprasch.com

I. EINFÜHRUNG

Die Welt um uns herum verändert sich mit einer atemberaubenden Geschwindigkeit. Inmitten dieser rasanten Transformation spielt die Künstliche Intelligenz (KI) eine Schlüsselrolle.

KI ist nicht mehr nur ein futuristisches Konzept aus Science-Fiction-Filmen; sie ist zu einer festen Größe in unserer Realität geworden.

Von selbstfahrenden Autos bis hin zu personalisierten Empfehlungen auf unseren Lieblings-Streaming-Plattformen beeinflusst KI bereits viele Aspekte unseres täglichen Lebens.

Dieses Buch,

> "Vom Studenten zum KI-Experten:
> Deine Reise zu spannenden Berufen,"

ist eine Einladung zu einer faszinierenden Reise. Eine Reise, die dich in die Welt der KI einführt und dir aufzeigt, wie du diese bahnbrechende Technologie nicht nur verstehen, sondern auch in deiner eigenen Karriere nutzen kannst.

Ob du noch **Student** bist, bereits **im Beruf** stehst oder **eine Veränderung** suchst, dieses Buch wird dir helfen, die spannenden Berufsmöglichkeiten in der KI-Branche zu erkunden und die notwendigen Schritte zu unternehmen, um deine Ziele zu erreichen.

Ich werde Dir die Grundlagen der Künstlichen Intelligenz zeigen, die vielfältigen Berufsmöglichkeiten in dieser aufstrebenden Branche beleuchten und dir praktische Ratschläge bieten, wie du dich auf den Weg zu einer erfolgreichen Karriere in der Welt der KI machen kannst.

Doch bevor ich mit Dir tiefer in diese Themen einsteige, werfe ich mit Dir einen Blick auf die Entwicklung und Bedeutung der KI, damit Du verstehst, warum sie eine so aufregende und zukunftsweisende Option für dich sein kann.

Bist du bereit für deine Reise in die Welt der Künstlichen Intelligenz!
Dann lass uns gemeinsam beginnen!

A. Die Bedeutung von Künstlicher Intelligenz (KI) in der heutigen Welt

In der heutigen hochtechnologischen Welt hat die Künstliche Intelligenz (KI) eine beispiellose Bedeutung und Präsenz erlangt. KI ist nicht länger nur ein Begriff aus der Welt der Science-Fiction; sie ist zu einem integralen Bestandteil unseres Alltags geworden.

Von Suchmaschinen und personalisierten Werbeanzeigen bis hin zu Spracherkennung und selbstfahrenden Fahrzeugen - **KI beeinflusst nahezu jeden Aspekt unseres Lebens.**

Eine der grundlegenden Bedeutungen von KI liegt in ihrer Fähigkeit, riesige Datenmengen zu verarbeiten und daraus Muster und Erkenntnisse zu gewinnen, die für menschliche Intelligenz allein unzugänglich wären. Dies ermöglicht Fortschritte in Bereichen wie **Gesundheitswesen, Finanzwesen, Verkehr, Bildung und vielen anderen**.

In der **Medizin** kann KI dazu beitragen, frühzeitig Krankheiten zu erkennen und personalisierte Behandlungspläne zu entwickeln.

Im **Finanzwesen** wird KI für Risikoanalysen und Handelsstrategien eingesetzt.

Im **Bildungsbereich** können intelligente Tutorien den Lernprozess optimieren.

Darüber hinaus ist KI ein Schlüsselkomponente in der **Automatisierung von Arbeitsprozessen**. Maschinen und Roboter, die mit KI ausgestattet sind, können repetitive Aufgaben übernehmen und menschliche Arbeitskräfte von monotonen Tätigkeiten entlasten. Dies ermöglicht es den Menschen, sich auf kreative, strategische Aufgaben zu konzentrieren.

Die Bedeutung von KI erstreckt sich jedoch nicht nur auf die Wirtschaft und den technologischen Fortschritt. Sie hat auch erhebliche **Auswirkungen auf** die Art und Weise, **wie wir kommunizieren, Informationen teilen und Entscheidungen treffen**. Spracherkennungs- und Übersetzungssoftware ermöglichen es Menschen aus verschiedenen Kulturen, miteinander zu interagieren, ohne Sprachbarrieren überwinden zu müssen.
Empfehlungs Algorithmen in sozialen Medien beeinflussen, welche Inhalte wir sehen und mit wem wir interagieren.

In einer globalisierten Welt, in der Daten zur Währung geworden sind, ist KI ein Werkzeug zur Bewältigung komplexer Herausforderungen und zur Schaffung neuer Möglichkeiten. Ihre Bedeutung wird voraussichtlich weiter wachsen, da Unternehmen, Regierungen und Forschungseinrichtungen verstärkt in KI investieren. Dies bietet nicht nur Chancen, sondern wirft auch wichtige ethische und gesellschaftliche Fragen auf, die es zu klären gilt.

In diesem Buch werde ich mich mit Dir eingehender mit der Welt der Künstlichen Intelligenz beschäftigen und die vielen aufregenden Karrieremöglichkeiten erkunden, die sie bietet. Von der Ausbildung bis zur konkreten Anwendung werden wir Schritt für Schritt durch die verschiedenen Aspekte der KI-Reise gehen. Mach dich bereit, in eine Zukunft einzutauchen, die von KI geprägt ist und in der du eine wichtige Rolle spielen kannst.

B. Ziel des Buches: Die beruflichen Möglichkeiten in der KI-Branche erkunden

Das Hauptziel dieses Buches ist es, dir eine umfassende und zugängliche Ressource zur Verfügung zu stellen, mit der du die aufregende Welt der Künstlichen Intelligenz (KI) erkunden und verstehen kannst.

Ich möchte dir die Türen zu einer Vielzahl von Berufsmöglichkeiten eröffnen, die in der KI-Branche verfügbar sind, und dir helfen, diejenige(n) auszuwählen, die am besten zu deinen Interessen, Fähigkeiten und Zielen passen.

Mir ist bewusst, dass die KI-Welt für viele Menschen zunächst einschüchternd wirken kann. Es gibt zahlreiche Fachbegriffe, komplexe Algorithmen und eine Fülle von Anwendungsfeldern. Doch ich fest davon überzeugt, dass KI für jeden zugänglich ist, der bereit ist, sich damit auseinanderzusetzen und zu lernen.

In diesem Buch werde ich dich auf eine Reise mitnehmen, die auf den Grundlagen der KI beginnt und sich bis zu den fortgeschrittenen Anwendungen erstreckt. Ich werde dir die Werkzeuge und das Wissen an die Hand geben, um die verschiedenen Facetten der KI zu verstehen. Du wirst erfahren, welche Fähigkeiten und Qualifikationen erforderlich sind, um in dieser Branche erfolgreich zu sein, und wie du dich darauf vorbereiten kannst.

Ein weiteres Ziel dieses Buches ist es, dich zu inspirieren. Die KI-Branche ist geprägt von Innovation und Veränderung, und es gibt ständig neue Entwicklungen und Möglichkeiten. Ich möchte, dass du die Aufregung und das Potenzial der KI genauso spürst wie ich. Ich möchte dich ermutigen, mutige Schritte in Richtung einer KI-Karriere zu unternehmen und deine eigenen einzigartigen Beiträge zur Zukunft dieser Technologie zu leisten.

Dieses Buch ist für Studenten, Berufseinsteiger und Berufstätige gleichermaßen gedacht. Es ist für diejenigen, die bereits eine Leidenschaft für KI haben, genauso wie für diejenigen, die gerade erst anfangen, sich dafür zu interessieren.

Ganz gleich, wo du dich in deinem beruflichen Werdegang befindest, dieses Buch bietet dir wertvolle Einblicke, praktische Ratschläge und Inspiration, um deine Reise in der Welt der Künstlichen Intelligenz zu beginnen oder fortzusetzen.

Lass uns gemeinsam diese aufregende Reise antreten und die spannenden beruflichen Möglichkeiten in der KI-Branche erkunden.

II. KAPITEL 1: DIE GRUNDLAGEN DER KÜNSTLICHEN INTELLIGENZ

Künstliche Intelligenz (KI) ist ein faszinierendes und immer präsenteres Feld in der heutigen technologischen Landschaft. Sie ist der Motor hinter vielen Innovationen und Veränderungen, die unser Leben und die Art und Weise, wie wir mit der Welt interagieren, beeinflussen. Bevor ich mit Dir jedoch tiefer in die Welt der KI eintauche, ist es entscheidend, die Grundlagen zu verstehen, die dieses faszinierende Feld antreiben.

A. Was ist Künstliche Intelligenz

Künstliche Intelligenz bezieht sich auf die Fähigkeit von Maschinen und Computern, Aufgaben auszuführen, die normalerweise menschliche Intelligenz erfordern würden. Dies kann Aufgaben wie das Lösen komplexer Probleme, das Lernen von Erfahrungen, das Erkennen von Mustern und das Treffen von Entscheidungen umfassen.
KI-Systeme nutzen Algorithmen und Daten, um Aufgaben zu automatisieren und menschenähnliche Fähigkeiten zu entwickeln.

B. Die Geschichte der KI

Die Geschichte der KI reicht bis in die 1950er Jahre zurück, als die ersten Ideen und Konzepte entwickelt wurden. Im Laufe der Jahrzehnte haben Forscher und Ingenieure Fortschritte erzielt, die zu bedeutenden Meilensteinen geführt haben.

Dazu gehören beispielsweise die Entwicklung von Schachprogrammen, die menschliche Weltmeister besiegen können, oder die Entstehung von Systemen, die die natürliche Sprache verstehen und übersetzen können.

Heute erleben wir eine beispiellose Blütezeit der KI, die durch leistungsstarke Computer und die Verfügbarkeit großer Datenmengen angetrieben wird.

C. Schlüsselkonzepte und Technologien in der KI

Die KI basiert auf einer Reihe von Schlüsselkonzepten und Technologien.

Hier sind einige der wichtigsten:

Maschinelles Lernen (ML):

Dies ist ein zentrales Konzept in der KI, bei dem Algorithmen verwendet werden, um Muster in Daten zu erkennen und Vorhersagen oder Entscheidungen zu treffen.

Beispiele sind Bilderkennung, Sprachverarbeitung und Empfehlungssysteme.

Neuronale Netze:

Diese sind von der Funktionsweise des menschlichen Gehirns inspiriert und werden oft in **Deep Learning**-Anwendungen eingesetzt. Neuronale Netze können komplexe Aufgaben wie Bilderkennung und Sprachverarbeitung bewältigen.

Natürliche Sprachverarbeitung (NLP):
Hierbei handelt es sich um eine Technologie, die es Computern ermöglicht, **menschliche Sprache zu verstehen und darauf zu reagieren.** NLP wird in Chatbots, Übersetzungssoftware und virtuellen Assistenten verwendet.

Computer Vision:
Diese Technologie ermöglicht es Computern, visuelle **Informationen aus Bildern und Videos zu extrahieren und zu interpretieren.** Anwendungen reichen von Gesichtserkennung bis hin zur medizinischen Bildgebung.

D. Warum KI eine vielversprechende Karriereoption ist

Die Bedeutung von KI wächst rapide, da sie in verschiedenen Branchen wie **Gesundheitswesen, Finanzen, Automobilindustrie und Unterhaltung** eingesetzt wird. Unternehmen suchen verstärkt nach Fachleuten mit Kenntnissen in KI, um innovative Lösungen zu entwickeln und Wettbewerbsvorteile zu erzielen. Daher bietet die KI-Branche eine Fülle von Karrieremöglichkeiten für diejenigen, die bereit sind, sich mit den Grundlagen und fortschrittlichen Konzepten der KI auseinanderzusetzen.

Dieser Überblick über die Grundlagen der Künstlichen Intelligenz legt den Grundstein für unser Verständnis und unsere Erforschung dieses faszinierenden Feldes. In den kommenden Kapiteln werden wir tiefer in die Welt der KI eintauchen und die vielfältigen Möglichkeiten erkunden, die sie bietet.

III. KAPITEL 2: DIE VORBEREITUNG AUF EINE KARRIERE IN DER KI

Die Künstliche Intelligenz (KI) ist zu einem der wichtigsten und aufstrebendsten Bereiche in der heutigen Arbeitswelt geworden. Die rasante Entwicklung von KI-Technologien eröffnet vielfältige Karrieremöglichkeiten für Menschen wie Dich, die sich für diese spannende Disziplin interessieren. Doch wie bereitet man sich am besten auf eine Karriere in der KI vor:

A. Die richtige Ausbildung: Studiengänge und Weiterbildungen

Eine solide Ausbildung ist der erste Schritt auf dem Weg zu einer erfolgreichen KI-Karriere. Es gibt verschiedene Bildungswege, die du in Betracht ziehen kannst:

Studium der Informatik oder eines verwandten Fachs:
Ein Bachelor- oder Masterabschluss in Informatik, Mathematik, Statistik oder einem verwandten Fach bietet

eine ausgezeichnete Grundlage für eine KI-Karriere.
Während des Studiums kannst du Kurse in den Bereichen maschinelles Lernen, Datenanalyse und Algorithmen belegen.

Spezialisierte KI-Studiengänge: Es gibt zunehmend spezialisierte Studiengänge und Masterprogramme im Bereich KI. Diese Programme bieten oft eine vertiefte Ausbildung in den Schlüsselkonzepten und Technologien der KI.

Online-Kurse und MOOCs: Es gibt eine Fülle von Online-Ressourcen, darunter Massive Open Online Courses (MOOCs), die KI-Themen abdecken. **Plattformen wie Coursera, edX und Udacity** bieten Kurse an renommierten Universitäten und Institutionen an.

Zertifizierungen: Nach dem Studium oder während deiner beruflichen Laufbahn kannst du Zertifizierungen in KI-spezifischen Bereichen erwerben. Diese Zertifikate können deine Fachkenntnisse nachweisen und deine Karrierechancen verbessern.

B. Praktische Erfahrungen sammeln: Praktika und Projekte

Die praktische Anwendung von KI-Kenntnissen ist entscheidend. Während deiner Ausbildung und darüber hinaus solltest du nach Möglichkeiten suchen, praktische Erfahrungen zu sammeln:

Praktika:
Praktika bei Unternehmen oder Forschungseinrichtungen, die im Bereich KI tätig sind, ermöglichen es dir, echte Projekte durchzuführen und Einblicke in die Arbeitsweise der Branche zu gewinnen.

Freie Projekte:
Arbeite an eigenen KI-Projekten oder beteilige dich an Open-

Source-Initiativen. Dies zeigt dein Engagement und deine Fähigkeiten in der Praxis.

Wettbewerbe:
Es gibt eine Vielzahl von KI-Wettbewerben, bei denen du deine Fähigkeiten unter Beweis stellen kannst. Ein Beispiel ist der **Kaggle-Wettbewerb**, bei dem Datenwissenschaftler und KI-Experten auf der ganzen Welt Herausforderungen lösen.

C. Entwicklung von Schlüsselkompetenzen in der KI

Um in der KI erfolgreich zu sein, sind bestimmte Schlüsselkompetenzen unerlässlich:

- **Programmierung:**
  Eine fundierte Programmierkenntnis, vorzugsweise in Sprachen wie **Python oder R**, ist von großer Bedeutung, um KI-Anwendungen zu entwickeln und zu optimieren.
- **Statistik und Mathematik:**
  Verständnis der mathematischen Grundlagen von maschinellem Lernen und statistischen Methoden ist essenziell.
- **Problem lösen:**
  KI-Experten müssen in der Lage sein, komplexe Probleme zu analysieren und kreative Lösungen zu finden.
- **Kommunikation:**
  Die Fähigkeit, technische Konzepte klar zu kommunizieren, ist wichtig, da KI-Profis oft mit nicht-technischen Stakeholdern arbeiten müssen.

D. Networking und Kontakte in der Branche aufbauen

Netzwerken ist ein weiterer wichtiger Aspekt bei der Vorbereitung auf eine KI-Karriere.

Trete Fachverbänden und Online-Communitys bei, besuche Konferenzen und Meetups und knüpfe Kontakte zu Menschen, die bereits in der Branche tätig sind.

Diese Kontakte können wertvolle Einblicke, Ratschläge und möglicherweise sogar berufliche Gelegenheiten bieten.

Die Vorbereitung auf eine Karriere in der KI erfordert Engagement, Lernbereitschaft und eine lebenslange Neugier auf neue Entwicklungen. Mit den richtigen Bildungsmöglichkeiten, praktischen Erfahrungen und Schlüsselkompetenzen kannst du deine Chancen auf eine aufregende und erfüllende Karriere in der KI-Branche maximieren.

IV. KAPITEL 3: JOBPROFILE IN DER KI-BRANCHE

Die Künstliche Intelligenz (KI) ist ein expandierendes Feld, das eine breite Palette von Jobprofilen und Karrieremöglichkeiten bietet. In diesem Kapitel werde ich einige der wichtigsten Jobprofile in der KI-Branche erkunden und einen Einblick in die Aufgaben und Verantwortlichkeiten geben, die sie mit sich bringen.

A. Datenanalyst

Datenanalysten spielen eine zentrale Rolle in der KI-Branche. Sie sind dafür verantwortlich, große Mengen von Daten zu sammeln, zu analysieren und Erkenntnisse daraus zu gewinnen. Zu ihren Aufgaben gehören die Datenbereinigung, die Identifizierung von Mustern und Trends sowie die Erstellung von Berichten und Visualisierungen. Datenanalysten sind in verschiedenen Branchen gefragt, von der Gesundheitsversorgung über das Finanzwesen bis hin zur E-Commerce-Branche.

B. Maschinelles Lernen Ingenieur

Maschinelles Lernen Ingenieure entwickeln und trainieren KI-Modelle, die in der Lage sind, Daten zu lernen und Vorhersagen zu treffen. Sie arbeiten an Algorithmen und Modellen, um sie an spezifische Anwendungen anzupassen, sei es für Bilderkennung, Sprachverarbeitung oder Empfehlungssysteme.
Diese Ingenieure sind verantwortlich für die Entwicklung von KI-Systemen, die effizient und genau arbeiten.

C. KI-Forscher

KI-Forscher sind Wissenschaftler, die an der Entwicklung neuer KI-Technologien und -Konzepte arbeiten. Sie erforschen fortgeschrittene Algorithmen, neuronale Netze und innovative Ansätze, um die Grenzen der KI zu erweitern. Forscher spielen eine entscheidende Rolle bei der Gestaltung der Zukunft der KI und der Entwicklung bahnbrechender Lösungen.

D. Robotik-Spezialist

Robotik-Spezialisten kombinieren KI-Technologien mit Robotik, um autonome Systeme zu schaffen. Sie arbeiten an der Entwicklung von Robotern, die in der Lage sind, Aufgaben in verschiedenen Umgebungen auszuführen, sei es in der Fertigung, im Gesundheitswesen oder in der Raumfahrt.
Diese Experten integrieren KI, um Roboter in der Lage zu versetzen, zu sehen, zu hören und zu lernen.

E. KI-Ethiker

KI-Ethiker sind auf die ethischen Aspekte der KI spezialisiert. Sie untersuchen die moralischen und sozialen Auswirkungen von KI-Technologien und entwickeln ethische Richtlinien für deren Einsatz. Diese Fachleute tragen dazu bei, sicherzustellen, dass KI in einer Weise entwickelt und eingesetzt wird, die den menschlichen Werten und Interessen entspricht.

F. Weitere aufstrebende Berufe in der KI

Die KI-Branche ist dynamisch und entwickelt sich ständig weiter. Daher gibt es eine Vielzahl von aufstrebenden Berufen, die entstehen. Dazu gehören beispielsweise
- *KI-Trainer* (die KI-Modelle trainieren und warten),
- *Kontextstrategen* (die KI in Marketing und Werbung nutzen) und
- *KI-Gesundheitsspezialisten* (die KI-Anwendungen im Gesundheitswesen entwickeln).

Unabhängig von deinen Interessen und Fähigkeiten bietet die KI-Branche eine breite Palette von Karrieremöglichkeiten. Die Nachfrage nach Fachleuten in diesem Bereich ist hoch, und es wird erwartet, dass sie in Zukunft weiter steigen wird.

Wenn du daran interessiert bist, die Zukunft der Technologie mitzugestalten und innovative Lösungen zu entwickeln, könnte eine Karriere in der KI-Branche genau das Richtige für dich sein.

V. KAPITEL 4: BEWERBUNG UND KARRIEREPLANUNG

Die Künstliche Intelligenz (KI) ist eine aufstrebende Branche, die kontinuierlich nach talentierten Fachleuten sucht, um innovative Lösungen zu entwickeln und voranzutreiben. Wenn du eine Karriere in der KI-Branche anstrebst, ist eine effektive Bewerbung und Karriereplanung entscheidend, um deine beruflichen Ziele zu erreichen.

A. Erstellung eines überzeugenden Lebenslaufs

Ein überzeugender Lebenslauf ist der erste Schritt auf dem Weg zu deiner Traumkarriere in der KI.
Hier sind einige Tipps zur Erstellung eines Lebenslaufs, der die Aufmerksamkeit potenzieller Arbeitgeber auf sich zieht:

Hervorhebung relevanter Fähigkeiten:
Betone deine Fähigkeiten in den Bereichen maschinelles Lernen, Datenanalyse, Programmierung und andere relevante Kompetenzen.
Zeige konkrete Beispiele für Projekte oder Erfahrungen in diesen Bereichen.

Ausbildung und Zertifikate:
Führe deine Ausbildung, einschließlich Studium und Weiterbildungen, sowie alle relevanten Zertifikate auf.

Dies kann deine Qualifikationen für KI-Positionen unterstreichen.

Projekte und Erfahrungen:
Beschreibe KI-Projekte, an denen du gearbeitet hast, und betone deine Erfahrungen im Umgang mit echten Daten und Herausforderungen. Wenn möglich, füge Links zu Projekten oder Portfolios hinzu.

Sprachkenntnisse:
Wenn du mehrere Programmiersprachen beherrschst oder in verschiedenen Umgebungen gearbeitet hast, führe diese auf.

Publikationen und Forschung:
Wenn du wissenschaftliche Arbeiten veröffentlicht oder an Forschungsprojekten teilgenommen hast, sollten diese aufgeführt werden.

B. Vorbereitung auf Bewerbungsgespräche

Sobald du deine Bewerbungen verschickt hast, ist es wichtig, dich auf Bewerbungsgespräche vorzubereiten. Hier sind einige Tipps, um erfolgreich durch Bewerbungsgespräche in der KI-Branche zu kommen:

Technisches Wissen:
Erwarte technische Fragen zu KI-Konzepten, Algorithmen und Programmierung. Bereite dich darauf vor, deine Fähigkeiten und Erfahrungen detailliert zu erläutern.

Praktische Beispiele:
Sei bereit, konkrete Beispiele aus deiner beruflichen Laufbahn oder deinen Projekten zu geben, die deine Fähigkeiten und Erfahrungen in der KI demonstrieren.

Fallstudien und Herausforderungen:
Arbeitgeber stellen möglicherweise praktische Aufgaben oder Fallstudien vor, um deine Problemlösungsfähigkeiten

zu testen. Übe das Lösen von KI-bezogenen Herausforderungen.

Fragen an den Arbeitgeber:
Bereite einige Fragen vor, um dein Interesse an der Firma und der Position zu zeigen. Frage nach Projekten, Teamdynamik und Möglichkeiten zur beruflichen Entwicklung.

C. Gehaltsverhandlungen und Arbeitsverträge

Wenn du ein Jobangebot erhältst, ist es wichtig, die Gehaltsverhandlungen und den Arbeitsvertrag sorgfältig zu behandeln.
Hier sind einige Punkte zu beachten:

Marktforschung:
Recherchiere die aktuellen Gehaltsniveaus für KI-Positionen in deiner Region und Branche, um realistische Gehaltsvorstellungen zu haben.

Benefits und Zusatzleistungen:
Berücksichtige nicht nur das Grundgehalt, sondern auch Zusatzleistungen wie Gesundheitsversorgung, Urlaubstage und Weiterbildungsmöglichkeiten.

Vertragsprüfung:
Lies den Arbeitsvertrag sorgfältig durch und stelle sicher, dass alle Vereinbarungen und Bedingungen klar sind, bevor du ihn unterzeichnest.

D. Langfristige Karriereplanung in der KI

Eine erfolgreiche Karriere in der KI-Branche erfordert auch eine langfristige Planung. Denke darüber nach, wie du deine Fähigkeiten weiterentwickeln, dich spezialisieren und in Führungspositionen aufsteigen kannst. Berücksichtige auch die Auswirkungen der KI auf andere Berufsfelder und wie du dich in diesem sich wandelnden Umfeld positionieren kannst.

Die KI-Branche bietet vielfältige Möglichkeiten für talentierte Fachleute. Mit einer soliden Bewerbung und einer klugen Karriereplanung kannst du deine Chancen maximieren und eine erfüllende Karriere in diesem aufstrebenden Feld aufbauen.

VI. KAPITEL 5: HERAUSFORDERUNGE N UND ZUKUNFTSAUSSICHTE N

Die Künstliche Intelligenz (KI) hat in den letzten Jahren einen enormen Fortschritt gemacht und unsere Welt in vielerlei Hinsicht verändert. Doch während ich mit Dir auf eine vielversprechende Zukunft blicke, stehen auch einige bedeutende Herausforderungen bevor.

A. Ethische Fragen und Verantwortung in der KI

Mit dem wachsenden Einfluss von KI-Technologien ergeben sich ethische Fragen, die sorgfältig angegangen werden müssen.
Dazu gehören Fragen der Privatsphäre, Fairness, Diskriminierung und Verantwortlichkeit. Es ist von entscheidender Bedeutung, klare ethische Richtlinien und Normen zu etablieren, um sicherzustellen, dass KI-Systeme im Einklang mit den Werten der Gesellschaft arbeiten.

B. Aktuelle Trends und Entwicklungen in der Branche

Die KI-Branche entwickelt sich rasant weiter, und es gibt einige wichtige Trends und Entwicklungen, die die Zukunft gestalten werden:

Erweiterte Automatisierung:
KI wird weiterhin Prozesse in verschiedenen Branchen automatisieren, was zu einer Effizienzsteigerung und Kosteneinsparungen führt.

Einsatz in der Medizin:
KI-Technologien werden in der medizinischen Diagnose, bei der Entdeckung neuer Medikamente und der personalisierten Behandlung eine immer wichtigere Rolle spielen.

Autonome Systeme:
Von selbstfahrenden Autos bis hin zu autonomen Drohnen werden immer mehr autonome Systeme eingesetzt, die KI nutzen, um Entscheidungen in Echtzeit zu treffen.

KI in der Bildung:
KI kann individualisierte Lernpfade bieten und Lehrer bei der Identifizierung von Schülern unterstützen, die zusätzliche Unterstützung benötigen.

C. Die globale Bedeutung von KI-Berufen

Künstliche Intelligenz hat das Potenzial, weltweit Veränderungen zu bewirken. KI-Experten werden in vielen Ländern dringend gesucht, um innovative Lösungen zu entwickeln und nationale Wettbewerbsvorteile zu erzielen. Dies macht KI-Berufe zu einer global relevanten Berufswahl.

D. Wie sich KI auf andere Berufe auswirkt

Während die KI-Branche wächst, wirkt sich diese Entwicklung auch auf andere Berufsfelder aus. Einige Jobs könnten automatisiert werden, während andere von KI-Technologien profitieren. Es ist wichtig, sich auf lebenslanges Lernen und die Anpassung an neue berufliche Anforderungen vorzubereiten.

Die Zukunft der KI-Branche ist aufregend, aber sie bringt auch Herausforderungen mit sich, die sorgfältig angegangen werden müssen. Die Schaffung ethischer Leitlinien, die Förderung von Innovationen und die Weiterbildung in KI-Technologien sind entscheidend, um sicherzustellen, dass die KI-Revolution zu einer positiven und nachhaltigen Zukunft führt. Für diejenigen, die in diesem Bereich arbeiten, bietet die KI-Branche jedoch aufregende Möglichkeiten, um die Welt zu gestalten und neue Horizonte zu erkunden.

VII.
SCHLUSSBETRACHTU
NG

Mit diesem Buch habe ich dich auf eine aufregende Reise in die Welt der Künstlichen Intelligenz (KI) mitgenommen, von den Grundlagen bis zu den Herausforderungen und Zukunftsaussichten.

Es war meine Absicht, dir einen umfassenden Überblick über die beruflichen Möglichkeiten in der KI-Branche zu bieten und dich bei deinem Weg vom Studenten zum KI-Experten zu unterstützen.

In dieser Schlussbetrachtung möchte ich die wichtigsten Erkenntnisse zusammenfassen und einen Ausblick auf Deine spannende Zukunft der KI werfen.

Die Reise vom Studenten zum KI-Experten zusammenfassen

Ich habe begonnen, indem ich die Grundlagen der KI erkundet habe, von ihren Definitionen bis zu ihrer Geschichte und den Schlüsselkonzepten.

Du hast erfahren, wie KI in verschiedenen Branchen Anwendung findet und warum sie eine vielversprechende Karriereoption ist.

Die Vorbereitung auf eine Karriere in der KI war ein wichtiger

Schritt, der die richtige Ausbildung, praktische Erfahrungen, Schlüsselkompetenzen und Netzwerken umfasst.

Ich habe auch die verschiedenen Jobprofile in der KI-Branche beleuchtet, darunter Datenanalysten, maschinelles Lernen, Ingenieure, KI-Forscher, Robotik-Spezialisten und KI-Ethiker.
Jedes dieser Profile bietet einzigartige Möglichkeiten und Herausforderungen.

Die Bewerbung und Karriereplanung in der KI erfordert Sorgfalt und Vorbereitung. Dein Lebenslauf, die Bewerbungsgespräche, Gehaltsverhandlungen und die langfristige Karriereplanung sind entscheidend, um erfolgreich in der KI-Branche Fuß zu fassen und voranzukommen.

Ermutigung und Ratschläge
für angehende KI-Profis

Ich möchte dich ermutigen, deinen Traum einer Karriere in der KI zu verfolgen. Die KI-Branche bietet nicht nur spannende Aufgaben und Innovationsmöglichkeiten, sondern trägt auch dazu bei, die Welt zu gestalten und Lösungen für drängende globale Probleme zu finden. Die Fähigkeiten und das Wissen, die du in diesem Buch erworben hast, sind wertvoll und sehr gefragt.

Denke daran, dass der Weg zur Expertise in der KI eine kontinuierliche Reise des Lernens und Wachsens ist. Halte dich über aktuelle Trends und Entwicklungen auf dem Laufenden, engagiere dich in der KI-Community und bleibe neugierig.
Die KI-Branche wird weiterhin expandieren, und es gibt immer neue Möglichkeiten, um einen Beitrag zu leisten.

Die aufregende Zukunft
der KI-Branche

Die Zukunft der KI-Branche ist voller Potenzial und Herausforderungen. KI wird weiterhin unser Leben transformieren, von autonomen Fahrzeugen bis hin zur medizinischen Diagnose.
Wir stehen jedoch auch vor ethischen Fragen und müssen sicherstellen, dass KI-Systeme ethisch und verantwortungsvoll eingesetzt werden.

Ich bin zuversichtlich, dass diejenigen, die sich für eine Karriere in der KI entscheiden, die Zukunft mitgestalten werden.
Du wirst innovative Lösungen entwickeln, neue Horizonte erkunden und die Welt in einer Weise beeinflussen, die wir uns heute vielleicht noch nicht einmal vorstellen können.

Ich wünsche dir viel Erfolg auf deiner Reise in die aufregende Welt der Künstlichen Intelligenz. Möge dein Weg voller Erfüllung, Wachstum und bedeutender Beiträge sein.

VIII. DANKESWORTE

Liebe Leserinnen und Leser,

Mit tiefem Dank möchte ich mich an Dich wenden, denn ohne Dich würde dieses Buch nicht den gleichen Wert haben. Du bist die treibende Kraft hinter meiner Arbeit, und ich schätze Deine Zeit und Dein Interesse, die Du diesem Buch gewidmet hast.

Es war mein Ziel, Dich auf eine Reise in die Welt der Künstlichen Intelligenz - KI - mitzunehmen und Dich auf Deinem Weg vom Studenten zum KI-Experten zu unterstützen.
Ich hoffe, dass die Informationen, Einblicke und Ratschläge in diesem Buch deine Fragen beantwortet und deinen Weg in der KI-Branche erhellt haben.

Deine Unterstützung und Dein Feedback bedeutet mir sehr viel.

Ich ermutige Dich, Deine Leidenschaft für die KI weiter zu verfolgen und Deine Träume zu verwirklichen.
Die Zukunft der KI hängt von engagierten Fachleuten wie Dir ab, die bereit sind, innovative Lösungen zu entwickeln und die Welt zu gestalten.

Nochmals vielen herzlichen Dank für Deine Unterstützung und Dein Interesse an diesem Buch.
Ich hoffe, dass es Dich inspiriert hat und ich bin sicher, dass Du auf deinem Weg in der KI-Branche erfolgreich sein wirst.

Mit freundlichen Grüßen,
Eva Prasch

https://evaprasch.com

ÜBER MICH

Liebe Leserinnen und Leser,

ich möchte mich herzlich bei Dir für Dein Interesse an diesem Buch bedanken. Als Autor dieses Werkes ist es mir eine Ehre, Dir einen Einblick in die spannende Welt der Künstlichen Intelligenz (KI) zu geben und Dir dabei zu helfen, Deine beruflichen Ziele in diesem aufstrebenden Feld zu erreichen.

Mein Name ist Eva Prasch, und ich beschäftige mich schon lange mit KI. Ich habe miterlebt, wie die KI-Technologien unser Leben und unsere Gesellschaft verändern. Diese Erfahrungen haben meine Leidenschaft für die KI weiter befeuert und mich dazu inspiriert, mein Wissen und meine Erkenntnisse in diesem Buch mit Dir zu teilen.

Die Idee für dieses Buch entstand aus meiner Überzeugung, dass die KI-Branche nicht nur auf dem neuesten Stand der Technik sein sollte, sondern auch für Menschen aus verschiedenen Hintergründen zugänglich sein sollte.
Dieses Buch habe ich geschrieben, um Dir eine klare und umfassende Anleitung zu bieten, wie Du Dich auf eine vielversprechende Karriere in der KI-Branche vorbereiten kannst, egal ob Du noch Student bist oder bereits in der Arbeitswelt tätig bist.

Mein Ziel ist es, Dir zu helfen, die Grundlagen der KI zu verstehen, relevante Fähigkeiten zu entwickeln und die besten Praktiken für die Bewerbung und Karriereplanung in der KI-Branche zu erlernen.

Ich hoffe, dass dieses Buch Dir bei Deinen beruflichen Ambitionen in der Welt der Künstlichen Intelligenz hilfreich ist und dass es Dir ermöglicht, Deine Ziele zu erreichen.

Vielen Dank, dass Du dieses Buch gelesen hast, und ich wünsche Dir viel Erfolg auf Deiner Reise in die spannende Welt der KI.

Mit besten Grüßen,
Eva

IMPRESSUM

Mag. Eva Prasch

Abt Balthasar-Straße 7

2651 Reichenau an der Rax

web: https://evaprasch.com/

www.ingramcontent.com/pod-product-compliance
Lightning Source LLC
Chambersburg PA
CBHW072226290526
45794CB00007B/2908